# Geschichte & Gesichte

(Als Gedichte)

Rudolf Gerber

Herstellung: Books on Demand GmbH
ISBN 3-8311-2537-6

## Geschichte & Gesichte

### St. Wendeler Urkunden (In Reimen gebunden)



### Philosophiegeschichte (Das Erkennen zu Gesichte)



### Visionen von Daniel (In Reimen sind zu seh'n)



### Johannesoffenbarung (In Reimform)

# St. Wendeler Urkunden
## (In Reimen gebunden)

**Name und Einwohner** (Bd. 25)

Das Dorf Wendelins Kirchhof,

So war es einst genannt.

Ganz klein und nicht sehr groß,

St. Wendel unbekannt.

'Die Hälfte im Dorf bezeichnet,

Dreiunddreißig Häuser waren. (6.5.1326)

Von Johann von Kirkel geleitet,

Dem Bischof Balduin übertragen.

'Zuvor gehörte nach Metz,

Nicht zur Kirche nach Trier.

Gemäß örtlichem Gesetz,

Fremde Diözese war hier.

'Diese Summe mit 4 1/2 vervielfältig',

Sind alle Personen gewählt.

Nur so die Anzahl bewältigt,

297 Einwohner gezählt.

'Der Ort hat älteren Namen,

Wird Basenvillare genannt.

Aus Verduns Unterlagen,

Geschrieben von Berthars Hand. (916/917)

'Der Priester und Kaplan,

Des Bischof Dado Verdunensis.

Damals Trier war untertan,

Erzbischof Ruotger Treverensis.

**Bruderschaften**

Die ältest' der Bruderschaften,
Bereits 1310 genannt. (US2)
St. Wendel hoch zu achten,
Ist diese schon bekannt.

Auch ist noch zu nennen,
Die Schuhmacherzunft. (1391)
Gründer Hermann Lauwer kennen,
Gibt "christliche Übung" kund.

Als erricht die Schneiderzunft,
Schrieb man: Es sei gescheh'n. (1441)
Das ist ihr Hauptbefund,
Zum Nutz' für Kirch zu seh'n.

Auch die der Karcher wohl,
Beginnt zur gleichen Zeit.
Den Handwerkern zum Wohl,
Für Fleiß und Ehrlichkeit.

1514 Brüder der Ackersleut,
Sich all' zusammenfinden.
In Eintracht stets bereit,
Gegenseitig zu Hilf' verbinden.

Noch früher 1441 Bruderschaft,

Sebastianus wird genannt.

Schulmeister Molitor sagt,

Aus Verzeichnis 1613 bekannt.

Diesen Brüdern vorzusteh'n,

Meister wird, dann sei.

Nicht lügen, fluchen, schwören,

Frieden stifte er dabei.

**Spital und Schule** (US$_{34}$) 1415

Drei Brudermeister dieser Stadt,
Werner Lecker und Hans Smyt.
Der Schultheiß Jakob Base ward,
Verpachtungen vergibt.

An Clas von Baltersweiler gar,
Bei der langen Brück' das Wendelshaus,
Sechs Pfund Heller zu zahlen war,
Mit Wiesen, Äcker und Büsch darauf.

Verpflichtet ist zugleich,
Stroh für die Kranken hinzulegen.
Das Haus zudem noch heiz',
Daß besser wieder sie genesen.

Oberes Stockwerk für Schule sei,
Das wird noch aufgetragen.
Muß ständig halten frei,
An allen diesen Tagen.

Doch Clas dem muß zustimmen,
Für zwei Jahre reicht die Pacht.
Nur dann kann Schul' beginnen,
Zum Abschluß dann gebracht.

**Cusanus** (US57)

Es war in den Novembertagen,
Legat vom Apostolischen Stuhl.
Graue Nebel über Deutschland jagen,
Verordnungen Cusanus tun.

Pfarrer von St. Wendel er war,
An der Wallfahrtskirche bekannt.
Gute Pfründe erhielt sogar,
In aller Welt wurde genannt.

Mir ist zu Ohren gekommen,
Zumal im Trierischen Land.
Priester sind's die Frommen,
Wie ich zu hören fand.

Mit Frauen zusammenleben,
Seien nicht im Priesterstand.
[Dem Wein sich gar ergeben,]
Als wär'n sie dafür gesandt.

Haben Geliebte fortzuschicken,
Unwiderruflich ist's gesagt.
Sich vergangen in den Sitten,
Werden deshalb angeklagt.

Wenn nicht gehorchen dem Befehl,
Verlieren Einkünft' und Stand.
Keine Messe darf mehr gescheh'n,
Bleiben ewiglich verbannt.

Die Frauen werden streng ermahnt,
Innerhalb von diesen drei Tagen.
Durch Exkommunikation bestraft,
Sündhaft Verhältnis nicht aufgaben.

Die Absolution kann nur erhalten,
Wer selbst beim Kardinal beicht.
Er allein diese Sünde verwalten,
Ob schwer oder auch ob leicht.

Am 6.11.1451 es war,
Geschrieben in aller Hast.
Das an der Schrift man sah,
Vom Sekretär Paulus Kaschk.

**Der zerbrochene Sarg** (US110/111)

Zum Wendelsfest der Stadt,
Kathedrale von Gläub'gen gefüllt.
Groß Verehrung fand dort statt,
Der Heil'ge im Schrein verhüllt

Wie fast vor fünfhundert Jahr,
Noch heute Pilger kommen.
Seltsames damals geschah,
Zum Heile aller Frommen.

Zu verehr'n den Schutzpatron,
Der behütet Volk und Land.
Lange Zeiten schon darin wohn',
In vielen Ländern bekannt.

Vergang'nen Pfingsten 1506,
Die Pilger zur Kirch' stömt hinein.
Ein jeder, wie ich schätz',
Berühren wollt' den Schrein.

Da zerbrach der hölzern' Sarg,
Kein Frevel sollt' es sein.
Erdrückt von Glauben arg,
Zu sehen sein' Gebein.

Betroffen die Beter weichen,
Niemand hätt' das je gewagt.
Zu berühren dieses Zeichen,
Das sei zur Freud' gesagt.

Erzbischof Jakob von Trier,
Gab dieses mitzuteilen:
Verordnet, bald möglichst hier,
Neuer Schrein, sei einzuweihen.

Zuvor in zerbrochnen Trümmern,
Auf einem Brett gelegen.
Einen Sarkophag zu zimmern,
Unberührt Gebeine hegen.

Der Körper des Heiligen ward,
Ganz unversehrt zu seh'n.
Das Gehäuse nur zerbrach,
Ein „Wunder" war gescheh'n.

**Wendelinus** (US66/67)

In bedeutender Kopie,
Vom 18. Jahrhundert.
Zu finden dort und sieh',
St. Wendel wird bewundert.

Generalvikar des Bischofs Robert war,
Von Dumblay in Schottland.
Bezeugt ganz offenbar,
Was über Wendelinus vorfand.

Sein Leben und sein Werken,
Mit Chronik hat belegt.
Eindeutig auch zu merken,
Noch heute hochverehrt.

Sohn des berühmten Königs,
Der einst von Schottland war.
Bis zum 20. seines Lebens,
Ein vollkommen Leben sah',

In Tugenden sich auszuzeichnen,
Heimlich Vater verlassen hätt'.
Heilige Stätten zu erreichen,
Nach Rom zu pilgern tät.

Vergänglichkeit aufzuzeigen,

Eitel alles irdisch sah'.

Zu entkommen meinte,

Ein ew'ger Pilger war.

Bestätigung der Urkunden,

Auch Kirchenrechnung klar.

Darin vom 7.1.1465 gefunden,

Unterzeichner: Durchdenwalt war.

Auf Landeshauptarchiv,

Zu Koblenz Nr. 1 C 12601.

Sei besonders hingewies',

Bestätigt hat so sei's.

**Verschollene Spenden** (US72)

Als Johannes, Erzbischof von Trier, (1456-1503)
Kanzler des ganzen Reiches.
An alle Pfarrer, Rektor von hier,
Nicht ereignet hat ein gleiches.

Das Unkraut muß vom Acker,
Vertilgt werden allzumal.
Erklärt er laut und wacker,
Es bleibt keine andre Wahl.

Sonst keine Saat kann wachsen,
Gewünschte Früchte tragen.
Erhalten keinen Batzen,
In diesen uns'ren Tagen.

Dem Bischof zugetragen,
Einige Boten nicht scheun.
Die Kollekten sammeln,
Und diese veruntreun.

Es bleibt groß Schuld der Seele,
Selbst wenn sie dies' bereun.
Muß geben neu Befehle,
Im trierrisch Land umstreun.

Rechtschaffenen Mann benennen,

Der durch die Land' und Weg',

Zu sammeln Gottes Spenden,

In Sankt Wendel hinterleg'.

Der Schaden ist beträchtlich,

Für Wallfahrtskirch' geschehen.

Deshalb so verächtlich,

Von frommen Gläubigen gewesen.

**Verordnungen** (A63) 1608

'In St. Wendel nur aufgenommen,

Wer einen Geburtsbrief vorlegt.

Den katholischen Glauben gewonnen,

Ein Handwerk recht versteht.

'Untadelig muß er sein,

Ehrliches Herkommen haben.

Kapital 60 R Anteil,

Sechs Thaler hat zu zahlen.

'Freie Bewilligung vorlegt,

Die sein Herr vergeben.

Wo ehemals er gelebt,

Kann dann den Eid belegen.

'Nach Glockenläut abends neun,

Niemand im Gasthaus treffen.

Ohne Licht auf Straße sein,

Mit Strafe hat zu rechnen.

'Wer Eigentum in Scherben,

Diebstahl sogar begehen.

Im Turm ist einzusperren,

Mit Halseisen zu versehen.

'In gar sehr schweren Fällen,

Verliert sein Bürgerrecht.

Verbannung muß er wählen,

Geschehen soll's ihm schlecht.

In geringeren Verbrechen,

Mit 6 alb bis 2 Gulden bestraft.

Ein jeder hat damit zu rechnen,

Zur Abschreck wird's gesagt.

'Alle Glückspiele sind verboten,

Jeder abgabepflichtig ist.

Gotteslästerungen wollten,

Ein Maß Wein ahnden müßt.

'Wer jagd oder Fische fängt,

Muß zwanzig Thaler zahlen.

Das wird für alle verhängt,

An allen Jahrestagen.

'Für Hochzeit, Veranstalten,

Erlaubnis ist einzuholen.

Kaufabschlüsse nur zu walten,

Herrschaft und Gericht befohlen.

'Ohn' Erlaubnis weiden an Bächen,

Mit fünf R wird bestraft.

Wiesen, Felder, bebaute Flächen,

Zu befahren wird untersagt.

'Falsch' Gewicht verwendet wer,

Dem 6 alb verhänget wird.

Für Wirte, Metzger, Bäcker,

Bis zu viereinhalb R führt.

'Auf Polizeiverordnung 1608 (A65)

Zumal an den Kindtaufen.

Aufmerksam wird gemacht,

Vorrecht der Hebamm abgeschafft.

'Nach Geburt des Kindes der Brauch,

Übergeben Suppe, Käse, Brot, Maß Wein.

Darf bestehen weiterhin auch,

Unkosten selbst zu tragen sei'n.

'Von den Paten in der Kirche Geld,

Nach der Taufe zu entrichten.

Nicht höher wie zwölf alb enthält,

Ist nur erlaubt zu stiften.

Bei Hochzeiten keine Morgensuppe,

Auch nicht ein Abendessen.

Für irgendeine Gruppe,

Nur Besuch bekommt statt dessen.

'Aussteuer darf man schenken,

Kindbettbesuch von Bekannten.

Nur Verwandte sind zu senden.

Ab heute nicht mehr stattfanden.

'Das Hochzeitsmahl findet ab elf statt,

Mit dem Vesperläuten wird enden.

Die Festgesellschaft gestöret hat,

Muß eineinhalben Gulden spenden.

**Vergessene Güte** (Bd.1.1618-1648)

Fünf Jahr' vorm großen Krieg,
Der sogar dreißig tobte.
Sebastian auf Knien liegt,
Als Altarist er gelobte.
'Vorm Altar Maria's Güt,
In dieser schweren Zeit.
Daß ständig ihn behüt',
Für Menschen sei bereit.
'An Köln's Universität,
Zwei Jahre hat studiert.
Altaristenstell' erhält,
Mit bestanden absolviert.
'Zur ersten Mess' beschenkt,
Herr Bast mit Faß voll Wein,
Die Heimat ihn ja kennt,
Volkstümlich er doch sei.
'Sein Vater Peter Lauwer,
Bruder Michael, Georg war.
Seine Schwester die Maria,
Den Haushalt führt' sogar.
'Einen ländlichen Betrieb,
Den er sein Eigen nennt.
Mit zehn Kühn und and'rem Vieh,
Nahe bei der Kapell' erwähnt.

'In der Woche zwei Mal,

Messe feierlich erklingt.

Zur Mutter Gottes für all',

Täglich die Vesper singt.

'Nach zwei bis drei Jahren,

In die Bruderschaft trat ein.

Bei Schuhmacherzunft zu tagen,

Ebenso gewesen sei.

'Doch was so sehr geschworen,

Für Volk und Land stet's sei.

Im Krieg fast alles verloren,

Weil Armen stand immer bei.

'Aushelfen tat dem Pfarrer,

Für Bruder Zoly sich macht frei.

Vielen Familien gab er,

Der Stadt spendet Geld dabei.

'Kriegslasten mit zu tragen,

Einkaufen Pulver, Blei.

Angriff' feindlicher Soldaten,

Abzuwehren ständig sei.

'Durchzüge mancher Truppen,

Holsteinsche, Union es war.

Kriegsgeräte, Mauern, Schuppen,

Zerstört sind ganz und gar.

'Die Stadtrechnung aufzählt,

Was er zur Verfügung stellt.

Herr Basten's gutes Geld,

Über 129 Thaler zählt.

'Hauptmann Heintzen 5 überwiesen,

Für Obrist Haßlang 20 geliehen.

Wachtmeister Groonder verkauft sein Pferd,

Fünfzig Thaler war der Wert.

'Den Reitscheider Vieh eingelöst,

Für 10 Thaler hat verschrieben.

Wegen des Amtes, weil's arm gewest,

Den Roßberger 36 verblieben.

'General Magelotti Quartier gemacht,

Den Hirtenlohn von vier Jahren ab.

336 geben mußten, 140 von Bast.

Noch zehn, weil nach Metz begab.

'Für Zinsen nach Trier,

Zwanzig Thaler gab dafür.

Neuneinhalb für die Stadt,

Er noch geliehen hat.

'Viele Jahre er verzicht',

Auf seine Einkunft Pflicht.

So ist vergessene Güte,

Vor der uns Gott behüte.

'Sein Grab ganz verschollen,

Wege darauf gepflastert sind.

Doch Güte ständig zollen,

Für Ewiges auch bestimmt.

**Predigt** (US132) 1658/60

'Pastor Bartholomäus Weiler,
Für Frühmess' verkünd'.
Echt kirchlicher Grundpfeiler,
Schwache, Mägde, Fremde vorfind.
'Beim Glockengeläute,
Nur einer zu Hause bleibe.
Alle zum Gottesdienst eilen,
Die Zender sonst anzeige.
'Die Männer gehen nach Rang,
Zuerst zur Kommunionbank.
Danach erst Frau'n und Mädchen,
Gar züchtig sich betät'gen.
'Kartenspiel ist bei Strafen,
Mit zwei Gulden zu bezahlen.
Auch Kinder von 7 - 9 Jahren,
Zur Kirche zu kommen haben.
'Die groß' Hunde mitbringen,
Diese Henker zu verdingen.
In schöner Maiennacht,
Getrennt die Jugend lacht.
'Glückspiel um Geld verboten,
Da Fluch und Zank vollzogen.
Der Zender drüber wacht,
Bei Tag und bei Nacht.

**Wendelinus geseh'n** (US153)

'Groß' Verehrung fand statt,
Wendelinus ward geseh'n.
Sechsmal in dieser Stadt,
Nach Dokument gescheh'n
'Zumal im Jahr 1506,
Zerbrochen war der Sarg.
Dann später wie ich schätz',
Noch fünfe Male ihn barg.
'Auf einer Tafel aus Blei,
1506, 1699, 1739 geschrieben.
Auch Jahre 1762, 1781 dabei,
Vorletzt' recht' Ripp' behielten.
'Nach Tholey hingekommen,
Mönche besonders verehr'n.
In ihre Mitte genommen,
Daß stündlich sich bewähr'n.
'Doch weil der Schrein zerfiel,
Zerbrochen war sehr alt.
Kunstvoll im gotisch' Stil,
Ein Reliquiar gestalt.
'Bischof Korum noch entnommen, (1896)
Die voretzt' linke Ripp'.
Verschenkte ganz Frommen,
Für Kirchen sie vergib.

**Basilika** (US155) (1960)

Papst Johannes XXIII. die Pfarrkirch' erhob,
Da Zierde des Saarlandes sei.
Zur Basilika, bei Gott gelob',
Denkmal der Frömmigkeit weih'.

Ihr Bau im 14. Jahrhundert begann,
Durch Erzbischof Balduin.
Nach hundert Jahren Vollendung gewann,
In erbauendem, spätgotischem Stil.

In der Kirche ein prächtiger Schrein,
Den die Gläubigen sehr verehr'n.
Wendelinus bewahren Gebein,
In Demut zum Glauben bekehr' n.

Zahlreiche Pilger strömen hinein,
Zumal am Fest Wendelin. (23.10.)
Basilika soll sie doch sein,
Bischof Wehr hatte im Sinn.

# Philosophiegeschichte

**Philosophiegeschichte** (Das Erkennen zu Gesichte)

**Einführung**

Philosophie Liebe zum Wissen ist,
Fragen nicht abzuweisen.
Das Ganze überblicken müßt,
Was letztlich zu beweisen.

Einordnen jedes Ding,
Zu Schauen alles find'.
Selbst Unsichtbares drin,
Ein Weltbild so gewinnt.

**Anfänge**

'Anaximander (555) Unendliches meint,

Daraus dann ableitet.

Es auch Unbestimmtes heißt,

Als erklärbare Einheit begleitet.

'Alles ging so hervor,

Dieses zugrunde legen.

Entstehen sei gebor',

Nicht ewig könne leben.

'Parmenides der Eleaten, (500)

In Süditalien auftraten.

Entstehen, Vergehen sagten,

Aus Nichts ins Nichts geraten.

'Alles Werden sei Schein,

Keinen Bestand haben.

Nur trügerisches Sein,

Nicht unsterblich tagen.

'Heraklit aus Ephesus war, (um 500)

Stellt eine Lehre auf.

Die Welt als Fluß ansah,

Ändert ständig seinen Lauf.

'Dahinter ein Gesetz,

Urbild in sich trägt.

Nicht erkennen kann jetz',

Doch immer wieder kehrt.

'Dieses Reich der Idee, (Platon 427-347)
Mit Denken nur erlang'.
Entstammt aus der Seel, (Präexistenz)
Erinnern uns daran.

'Das ständig hervorzuholen,
Was nur die Seele wüßt'.
Durch Sokrates geboren, (469-399)
Kunst des Fragens ist.

'Was Allem liegt zu Grund',
Aristoteles Begriff genannt. (384-322)
Identisches tut kund,
Erstes Prinzip anwandt. (Theorie)

'Gegensatz erhält,
Nicht eine höhere Welt.
Materie und Form wählt,
In den Dingen selbst.

'Materie unerkennbar bleib',
Als Individualität bekannt.
Die Form erkennbar sei,
Wird Begriff genannt. (Theorie)

'Im dritten Jahrhundert, (n. Chr.)
Plotin als Neuplatonist.
Die höchste Stuf' bewundert,
Das "Eine" letztlich ist.

'Daraus folgert den Geist, (Weltgeist)
Dann die Weltseele.
Auf Irdisches hinweist,
Zuletzt die Materie.

'Alles strebt zum "Einen",
Nicht hervorzugehen war. (Emanation)
Den ewigen Kreislauf vereinen,
Im Unendlichen dann sah.

'Aristoteles Stufen,
Als innere Formen ansah.
Bei Körper, Pflanzen,
Tiere, Menschen,
Seele und Geist sogar.

**Mittelalter**

'Die Metaphysik der Welt,

Durch Christen neu geworden.

Zur Gotteslehre zählt,

Weil aus Gott geboren.

'Der Mensch als Gottes Bild,

Die Prinzipien erfaßt.

Unmittelbar erhielt,

Weil von Gott erschafft.

'Univeralienfrage steht aus,

Woher Allgemeines habe?

Vor oder in den Dingen auf,

Oder ist es nur ein Name?

'Stufen des Aristoteles schon,

Stehen zu Gebot.

Die allerhöchst davon,

Alleine ist nur Gott. (Anselm von Canterbury 1033-1109)

'Das ähnlich ist im Kosmos,

Ebenso liegt im Ziel.

Unendlich Gott ist groß,

Kann tuen was er will.

'Unbestimmte Materie meint,

Thomas von Aquin. (1224-1274)

Abzugrenzen scheint,

Einzelnes hat im Sinn.

'Duns Scotus löst Problem, (1266-1309)
Statt Materie gewesen.
Umgekehrt sei's zu sehn,
Die Form als Prinzip zu stehen.

'Meister Eckhart glaubt, (1260-1327)
Erstes Prinzip unterscheiden.
In Raum und Zeit geschaut,
Existenz will so beweisen.

'Nikolaus von Kues sagt, (1401-1464)
Gott ganz unfaßbar sei.
Vom Gegensatz her wagt,
Im Unendlichen "Einerlei". (Coincidentia oppositorum)

'Auf Mathematik hingewiesen,
Der Kreis wird Punkt letztlich.
Wie auch krumme Linien,
Zur Gerade finden sich. (Differential bei Leibniz)

'Zusammenhang von Gott und Welt,
Im Bewußtsein tut sich auf.
Spiegelt darin ganze Welt,
Zum Unendlichen findet hinauf. (Mikrokosmos-Makrokosmos)

**Übergang**

'Nach Albertus Magnus Brauch, (1193-1280)

Francis Bacon fortführt. (1561-1626)

Vom Einzelfall geht aus,

Das Allgemeine aufspürt. (Induktion)

'Schon Demokrit erkannt' ja, (460-370)

Erstes Prinzip der Natur.

Nicht zielgerichtet war, (final)

Sondern von Ursache nur. (kausal)

'Galilei Ursachen verband', (1564-1642)

Mathematisch anwendet.

Physikalische Gesetze fand,

Alte Philosophie beendet.

'Zumal Newton erkennt, (1643-1727)

Mathematisches Gesetz. (causa immanens)

Naturkausal verbänd, (causa transiens)

Neue Wissenschaft so nennt.

'Kopernikus das Weltbild, (1473-1543)

Gänzlich umgesetzt.

Zu neuem dann hinfind,

Kepler mit Ellipsen ersetzt. (1551-1630)

**Neuzeit**

'Bisher den Dingen zugewandt, (intentio recta)

Nun frag' wie zu Gesetzen fand.

Aus wenigen der Fälle,

Zum Allgemeinen käme? (intentio obliqua)

Dazu bedürfen apriorisch Erkenntnis,

Wenn Natur unter Gesetzen hätt dies.

'Descartes stellt Möglichkeiten auf: (1596-1650)

1Dinge wahrzunehmen.

2Meinungen zu bilden aus,

3Innere Ideen anzugeben.

'Erkenntnis nicht bezweifeln brauch,

Weil Gott der Vollkommenste ist,

Einzig bin, selbst auch. (cogitans sum)

Gegeben haben müßt.

'Im Wahrnehmen der Sinne,

Nimmt Descartes an.

Zwei Substanzen finde,

Denken und Ausdehnung dann. (cogitatio-extensio)
(Psycho-physische Kausalität)

'Arnold Geulincx daran liegt, (1624-1669)

Die beiderlei Substanz.

In jeden Augenblick sieht, (Okkasionalismus)

Vereint durch göttliche Instanz.

'Spinoza find' andre Möglichkeit, (1632-1677)
Durch ein pantheistisch' Weltbild.
In Gott sei alles vereint,
Auch Lessing und Goethe erfüllt.

'Bei Leibniz alleine waren, (1646-1716)
Weil eine Substanz nur gibt.
Aus Vielem einzelner Monaden,
In denen die Welt sich sieht.

'So alleine kann wahrnehmen, (perceptio)
Die Stufen der ganzen Welt.
Und noch dazu verstehen, (apperceptio)
Was diese zusammenhält.

'Wie dieses kann geschehen,
Von einem Prinzip bestimmt.
Bei ihm ist so zu sehen,
Prästabilierte Harmonie annimmt. (festgelegte)

'Ist bisher das Erkennen,
Idealistisch ganz erfaßt. (Denken)
Bei John Locke nennen (1632-1704)
Empiristisch sei betracht. (Wahrnehmung)

'George Berkeley sagt, (1685-1753)
Sinne uns täuschen gar.
Vorstellung macht klar,
Was wirklich sei wahr.

'Hans Driesch tut diesen Schritt, (1867-1941)
Nur eigne Vorstellung kennt.
Find nicht zum Ding zurück,
Deshalb Solipsismus nennt.

'David Hume schließlich fand, (1711-1776)
Es sei nur die Assoziation.
Die kausal (Ursache) verband,
Gedankenverbindung drin wohn'.

'Erst Immanuel Kant war reif, (1724-1804)
Systematisch es betracht.
Was Denken eigentlich sei,
Ausdehnung ausmacht.

**Immanuel Kant** (1724-1804)

'Im ersten Teil seiner Kunst,

Stellt Kant Prinzipien dar.

"Kritik der reinen Vernunft", (1781)

Was objektiv gültig war.

'Zwei Arten von Urteilen fand,

Wenn Prädikat im Subjekt.

Es analytisch genannt,

Sonst synthetisch wird entdenkt.

'"Alle Körper sind ausgedehnt",

Für apriorisch hielt.

"Alle Körper sind schwer" erwähnt,

Apriorisch - aposteriorisch wiegt.

'Analytische Urteile sind,

Apriorisch so genannt.

Alle Prädikate find,

Im Subjekt vorhand.

'Aposteriorisch Urteil Behuf,

Synthetisch sind bekannt.

Weil auf Erfahrung beruf,

Und Wissen hinzufand.

'Erkenntnis nennt transzendental,

Auf alle Gegenstände bezieht.

Und auch die Erkenntniswahl,

Beinhaltet jedes Gebiet.

'Zur Antinomie bestimmt,

Wenn zwei Thesen widerstreiten.

Gleiche Geltungen gewinnt,

Gegensätzlich sich geleiten.

(denken)

'Die apriorischen Kategorien,

Stellt aus der Logik auf.

Viere sind geblieben,

Aus Urteil erhält darauf.

'Die Quantität und Qualität,

Mit jeweil'ger Gliederung.

Die Relation und Modalität,

Kann unterscheiden nun.

'Bei Quantität zeiget sich,

Einheit, Vielheit, Allheit schon.

Bei Qualität ist erkenntlich,

Realität, Negation, Limitation.

'In der Relation ist zu seh'n,

Substanz, Kausalität, Wirkung, Gemeinschaft.

Bei Modalität zusammengehn,

(un)wirklich, (un)möglich, notwendig, zufällig schafft.

'Doch dieses nur angewandt,

Bei apriorischer Erkenntnis.

Analytisch ist bekannt,

Nicht bei synthetisch Geständnis.

**Nicolai Hartmann** (1882-1950)

'Erkenntnis ist ein Akt, (synthetische)
Bewußtsein überschreitet.
Das Subjekt als Objekt hat,
Was empirisch sich erweiset.

'So ist Erkenntnis direkt,
Die Relation von beiden.
Zwischen Subjekt und Objekt,
Im Zusammenhang bleiben.

'Dadurch ist auch transzendental,
Was Bewußtsein überleitet.
Hat keine andre Wahl,
Nicht bei sich verweilet.

'Die Fülle aller Akte,
Hat mit der Welt kontakt.
Wer das Handeln wagt,
Sogar zu ändern hat.

'Dreigliedrig Erkenntnis ist:
Subjekt, Objekt, Vorstellen fand.
Die Richtung bleibt gewiß,
Vom Subjekt zum Gegenstand.

'Doch Vorstellen bleibt immanent,
Kein Gegenstand braucht zu sein.
Deshalb nicht transzendent,
Tritt nur im Subjekt ein.

'Wie kann das Subjekt gar,

Ein Objekt erfassen?

Das Aporie stets war,

Doch außerhalb muß lassen.

'Das Objekt mit den Sachen,

Besteht bevor das Subjekt kennt.

Doch kann zum Objekt machen,

Wenn es dasselbe nennt. (Begriff)

'Transzendente Akte fand,

Fichte: Handeln und Erkennen. (1762-1814)

Das Tun ein Ziel schon fand,

Kennen es nur benennen.

'Eine Aporie besteht,

Wie kann körperlich sein.

Was im Objekt gelegt,

Ins Geistige treten ein?

'Das weitere Unbegreifen,

Wie Vorstellung gelang.

Wahres zu begreifen,

Für uns verborgen lang?

'Dann sei noch genannt,

Wie können Bewußtsein haben?

Daß Vorstellen mit Gegenstand,

Gemeinsames in sich tragen?

'Noch weiter kann man fragen,
Wie ist ein Problem erkannt?
Was wir gar nicht haben,
Teils im Erkennen fand?
'Lösungen darin sind,
Erkennen gegenüber dem Sein.
Jeweils begrenzt es find',
Sein bringt alles ein.
'Hätt' Erkenntnis nur Aporien,
Von Subjekt, Objekt verschieden.
Keine Übereinstimmung hinieden,
Unwissend sei'n geblieben.
'Descartes schroffer Gegensatz,
Ausdehnung und Denken verschieden.
(extensio) (cogitatio)
Gott beides gar zusammenfaß',
So Geulincx hat verwiesen.
'Spinoza sucht den Unterschied,
Dadurch zu überbrücken.
Beides aus einer Substanz geschieht,
Deshalb Einheit kann erblicken.
'Leibniz schließt von Gott allein,
Ein genaues Übereinstimmen.
Prästabilierte Harmonie zu sein,
So Wahrheit zu gewinnen.

'Bedingungen der Wahrnehmung,

Ganz anders sind zu lösen.

So rätselhaft auch nun,

Zu sein mag gewesen.

'Es besteht ein festes Zuordnen, (Kategorien)

Vom Bewußtsein und dem Sein.

Daraus Verbindungen geworden,

Wenn soll Erkenntnis sein.

'Hervorgehoben sei Kausalität,

Von Ursache zur Wirkung führt.

Alle Ursachen nie erfassen tät,

Welche zum Ziel hinführt.

'Die Kausalreihe sei nicht mathematisch,

Auch nie homogen gegeben.

(gleichbleibend)

Denn sie sei ja ganz dynamisch,

Am Prozeß erst abzulesen.

(Wirkung)

'Nach Kant, wie zuvor,

Jeweils abzusehen sei.

Wie Wahrheit kommt hervor,

Einzelheiten nicht dabei.

'Von Wolfgang Stegmüller her,

Strukturalische Theorie versucht.

Antwort finden soll gewähr,

Worauf man dieses bucht.

**Struktualistische Theorie** (Wolfgang Stegmüller)

'Begriffe miteinander verbind',

Kausal es nimmer sei.

Assotiationen dann nur find',

Auch nicht mathematisch Reih'.

'Wissenschaftlichen Beweis,

Struktualisch Theorie anwendt.

Mit mathematischem Erweis,

Und mengentheoretisch nennt.

'Rudolf Carnap versucht Methode, (1891-1970)

Metamathematisch zu konstruiern.

Zwar rational sich lohne,

Aber nicht empirisch ausprobiern.

'Deshalb ist sein Konstrukt,

Zwar ganz logisch aufgebaut.

Doch was dabei man sucht,

Darauf wird nicht geschaut.

'Bisher wurd' angewandt,

Begehrte Theorie ausreicht.

Der $Chi^2$-Test verwandt,

Theorie mit Empirie vergleicht.

'Neue Methode dies' verwirft,

Theorie bleibt zwar erhalten.

Doch was empirisch betrifft,

Mengentheoretisch muß walten.

**Sprachphilosophie** (Edmund Baum 1996)

Thoma S. Kuhn einleitet,
Paradigmen führen dann.
Mit Weltbildern begleitet,
Was man erkennen kann.

Platon hat bezeichnet,
Nur in der Idee.
Zur Wahrheit hin leitet,
Die jeder in sich seh'.

Aristoteles führt aus,
Im Begriff er letztlich hält.
Das Prädikat folgert daraus,
Was erkennet in der Welt.

Bis zum "Zirkel des Verstehen",
Auch Hermeneutik genannt.
Natur- Geistwissen sehen,
Ontologisch sind gebannt.
(vom Dasein)

Die Anwendung der Sprache, (K.-O. Apel 1990)
Die Wahrheit letztlich sucht.
Ist wichtigste der Sache,
Auf Alltäglichem stets fußt.

**Schluß**

Ein Dankeswort sei zugesandt,
Ganz gewiß nicht selber weiß.
Einführung von Hartmann fand,
Soll dienen als Beweis.

Nachgeschlagen bei Hirschberger,
Geschichte der Philosophie.
Etliche Bücher bei Stegmüller,
Sonst geläng' es nie.

# Visionen von Daniel

(in Reimen sind zu sehn)

**Daniels Visionen**

Nebukadnezzars Träume zur Wahl,

Vom Weltreich sind genannt, (Dan $2_{1-49}$)

Der stolze Baum und das Gastmahl. (Dan $3_{98}$ - $4_{34}$) (Dan $5_{1}$ - $6_{1}$)

Dazu noch sind bekannt.

Daniels damalige Vision,

Von Tieren und dem Menschensohn, (Dan $7_{1-28}$)

Vom Widder und dem Bock der Ziegen, (Dan $8_{1-27}$)

Zudem sind aufgeschrieben.

Weissagung von siebzig Jahr-Wochen, (Dan $9_{1-27}$)

Offenbarungen zu erhoffen. (Dan $10_{1}$ - $12_{13}$)

Als apokalyptisch werden genannt,

Bei Johannes Offenbarung teils angewandt.

**Traum von den Weltreichen** (Dan 2 1-49)
Im zweiten Jahr des Nebukadnezzar,

Daniel in tiefem Traume war.

Auf seinem Lager Könige kämen,

Was einst wohl wird geschehen.

Er hatte eine groß' Vision,

Vom gewaltigen Standbild schon.

Das Haupt aus reinem Gold,

Brust, Arm von Silber gewollt.

Körper und Hüften war,

Von Bronze dann sogar.

Beine ganz aus Eisen,

Füße Ton aufweisen.

Vom Berg ein Stein drauf fällt,

Tönerne Füße zerschellt.

Eisen, Ton, Bronze, Silber, Gold,

Zu Spreu sind sie gewollt.

Der Wind trug alles fort,

Nichts übrig blieb am Ort.

Der Stein, das Bild getroffen,

Zum Berg der Erd geworden.

Die Lösung Daniel behaupt,
Du bist das gold'ne Haupt.
Nach dir kommt ein geringes,
Danach von Bronze find' es.
Ein viertes ward von Eisen,
Zermalmt die andren Reichen.
Von Ton und von dem Eisen,
Sich beide Reiche teilen.
Zudem teils brüchig bleiben.

Gott wird ein Reich errichten,
Alle and'ren ganz vernichten.
Wie der Stein losbrach,
Nur er kann fügen was.

Der König warf sich nieder,
Einen Gott anbetet wieder.
Daniel wurd' Provinz gegeben,
Zu Babel als Präfekt zu leben.

**Traum vom stolzen Baum** (Dan $3_{98}$ - $4_{34}$)

Herrscher König Nebukadnezzar,
Über alle Nationen war.
Daniels große Freude ist,
Zeichen und Wunder wißt.
Der Höchste an ihm getan,
Sein Reich wärt ewig dann.

Der König hat einen Traum,
Auf den sollen alle schaun.
Drum ließ die Weisen rufen,
Den Traum zu deuten suchen.

Zuletzt erschien Daniel,
Zu deuten was zu sehn.
Da stand ein Baum sehr hoch,
Wuchs zusehends noch.
Bis an den Himmel reicht,
Auf ganzer Erd'verzweigt.

Prächtig Laub gab den Schatten,
Viel Früchte zur Nahrung hatten.
Darunter wilde Tiere fristen,
Vögel in den Zweigen nisten.

Ein Wächter vom Himmel kam,
Mächtige Stimme vernahm:
Fällt Baum und seine Äste,
Streift Laub, Früchte die beste.

Tiere sollen den Schatten meiden,

Vögel fliegen aus den Zweigen.

Die Wurzel laßt in der Erd',

Mit einer Fessel aus Erz.

Tau vom Himmel soll ihn benetzen,

Ein Tierherz diese besetzen.

Die Lebenden sollen erkennen,

Den Allerhöchsten nennen.

Daniel der Beltschazzar hieß,

Den Traum erklären ließ:

Mein Herr er gilt den Feinden,

Gemeinschaft sollst du meiden.

Dich einst verstoßen sogar,

Mit wilden Tieren leben da.

Vom Gras wirst dich ernähren,

Tau vom Himmel wird gewähren.

Sieben Zeiten geh'n dahin,

Dann erkennst du seinen Sinn.

Nur Gott dem Mensch Gewinn,

Kann tun was er gar will.

Deine Herrschaft bleibt erhalten,

Wenn du Gott ewig läßt walten.

Geb' dir den guten Rat,

Nur Rechtes tuen mag.

**Das Gastmahl** (Dan 5₁ - 6₁)

Der König ein Gastmahl gab,
Tausend Menschen dazu gelad'.
Gold- und Silbergefäße ließ holen,
Sein Vater aus dem Tempel gestohlen.

Sie tranken Wein voll Stolz,
Aus Gold, Silber, Bronze, Eisen und Holz.
Da erschien eine Menschenhand,
Schrieb auf getünchte Wand.

Da erbleichte er, erschreckten ihn,
Seine Glieder schwach, schlotternd die Knie.
Schrie laut nach Weisen und Astrologen,
Den Weisen von Babel, Daniel zu holen.

Wer diese Schrift recht deutet,
In Purpur wird gekleidet.
Goldne Kette darf er tragen,
Hat als Dritter im Reich' das Sagen.

Mein König behalte die Gaben,
Deinem Vater schon konnte sagen.
Wer überheblich ist geworden,
Stürzt vom Thron am selben Morgen.

Aus Gemeinschaft wird ausgeschlossen,
Sein Herz in Tiere gebrochen.
Von Gras sich wird ernähren,
Tau wird Weisheit gewähren.

Wie er hast dich gegen Gott erhoben,
Die heil'gen Gefäße vom Tempel gestohlen.
Gott hält deine Taten in der Hand,
Der Spruch ist sein Unterpfand:

Mene mene tekel u-Parsin,
Ergibt gedeutet folgenden Sinn:
Mene: Gezählt hat Gott die Tage,
Tekel: Gewogen auf der Waage.
Peres: Geteilt wird dein Reich,
Von Medern und Persern sogleich.

Daniel in Purpur gekleidet war,
Die Kette um seinen Hals sogar.
Doch in derselben Nacht,
Belschazzar ward umgebracht.

**Von Tieren und dem Menschensohn** (Dan 7 1-17)
Im ersten Jahr Belschazzar,

Der König von Babel war.

Daniel im Traum hat eine Vision,

Auf seinem Lager war schon.

Vier Winde der Himmelszügel,

Das große Meer aufwühlen.

Daraus vier Tiere sich erheben,

Jedes anders war zu sehen.

Das erste einem Löwen gleicht,

Zudem noch Adlerflügel zeigt.

Die ausgerissen worden,

Danach wurd' aufgehoben.

Auf Füße dann gestellt,

Ein Herz hineingelegt.

Ein zweites Tier erscheint,

Der Bär wird jetzt gezeigt.

Seitwärts war aufgerichtet,

Drei Rippen im Maul gesichtet.

Zwischen Zähnen war'n zu schau'n,

Dabei war er am kau'n.

Ein andres Tier geschaut,

Nach einem Panther gebaut.

Auf dem Rücken Flügel vieren,

Vier Köpfe diese zieren,

Zum Herrschen Macht verliehen.

Ein viertes tat mächtig erweisen,
Große Zähne ganz aus Eisen.
Sogleich alles auffraß,
Mit Beinen dann zertrat.

Von and'ren Tieren verschieden,
Zehn Hörner noch beschrieben.
Wenn man das ein betracht,
Ein andres wird entfacht.

Dazwischen ein kleines Horn,
Dann drei von früheren verlor'n.
Darin Augen von Menschen gar,
Ein Maul das anmaßend war.

Ein Thron wurde hingebracht,
Darauf ein "Alter" Platz gemacht.
Sein Gewand weiß wie Schnee,
Sein Haar als Wolle ich seh'.
Flamm' leuchten aus dem Thron,
Räder ganz freurig schon.
Von diesem Strahlen geh'n aus,
Tausend mal tausend dienen auch.
Zehntausend mal zehntausend standen auf.

Das Gericht hat Platz genommen,
Bücher aufzuschlagen begonnen.
Das anmaßend Tier mit Horn,
Getötet ward im Zorn.

Sein Körper dem Feuer übergeben,
Nichts mehr von ihm übrig gewesen.
Auch den andren Tieren genommen,
Die Herrschaft einst gewonnen.
Das Leben ihnen erhalten ist,
Bis zu einer gewissen Frist.

Dann erschien aus den Wolken schon,
Der aussah wie ein Menschensohn.
Gelangt' zum Betagten gar,
Vor diesen geführet war.

Herrschaft wurd' ihm zugewiesen,
Königtum und Würde verliehen.
Alle Völker, Nationen, Sprachen,
Ihm nun zu dienen haben.

Darüber ich Daniel erstaunt,
Und frag' was ich geschaut?
Die groß' Tiere vier an Zahl,
Vier Könige bedeuten allemal.

Die sich auf Erden erheben,
Doch müssen sich ergeben.
Über das Tier mit Eisen und Klauen,
Und zehn Hörner mit den Augen,
Das mit dem Maul gesehen,
Anmaßend von allen gewesen.

Sah dieses Horn gen Heil'ge kämpfen,

Der Betagte es tat niederdrängen.

Das vierte Tier besagt viertes Reich,

Wird Erde zertreten, verschlingen zugleich.

Zehn Hörner sagen zehn Könige regieren,

Doch diese werden einem erliegen.

Dieser stürzt drei Könige, ich sah,

Lästert über den Allerhöchsten gar.

Gegen Feste, Gesetze wird sich wenden,

Sucht selbst Heilige zu verblenden,

Für drei und eine halbe Zeit,

Dann sind sie endlich befreit.

Gericht wird auch gehalten,

Könige dürfen nicht weiter walten.

Werden ausgetilgt vom Leben,

Macht dem Volk' des Höchsten gegeben.

Sein Reich wird ewig sein,

Ihm alle Herrschaft allein.

**Vom Widder und dem Ziegenbock** (Dan 8,1-27)
Im dritten Belschazzars Jahr,
Erhielt Daniel Vision sogar.
Befand mich auf der Burg Susa,
Der Provinz Elam am Ulai Kanal.

Ein Widder am Kanal da stand,
Zwei Hörner sein Kopf befand.
Beide waren ungewöhnlich hoch,
Das eine dann noch höher kroch.

Kein Tier hielt vor ihm stand,
Gegen das es sich gewandt.
Dann bemerk' einen Ziegenbock,
Durch die Luft von West gehockt.

Zwischen Augen war ein Horn,
Gerichtet ward nach vorn.
Stieß auf den Widder zu,
Zertrat ihn gleich im Nu.

Über die Maßen wurde er groß,
Dann fiel das Horn ihm los.
An seiner Stelle wuchsen vier,
In jeder Richtung als Zier.

Wuchs bis zum Sternenmeer,
Warf Sterne auf Erde sehr.
Bis hin zum Himmelsheer sich reckt,
Heer und Wahrheit zu Boden niederstreckt.

Wie lang' bleibt Greuel, Verwüstung besteh'n?
Zweitausenddreihundert Tage vergehn.
Hört' dann eine Menschenstimm'
Gabriel erklärt den Sinn.

Ohnmächtig lag ich da,
Gesicht zu Boden war.
Siehe ich kündige an,
Die letzte Zeit begann.

Der Widder mit zwei Hörnern,
Sind Könige von Medien und Persern.
Der Ziegenbock ist König von Jawan,
Der mußt' abtreten dann.

Vier and're folgen deswegen,
Nicht gleich an Kraft gewesen.
In letzter Zeit der Herrschaft,
Ein König kam mit Macht.

Ungeheures wird er verderben,
Selbst Heil'ge teils enterben.
Über den Höchstgebieter steht auf,
Wird alles zerschmettern darauf.

**Von siebzig Jahrwochen** (Dan 9,1-27)

Im ersten Darius Jahr,
Der Sohn des Xerxes war.
Daniel in Schriften ergründt,
Was bei Jeremias vorfindt.

Jerusalem verwüstet wird sein,
Bund und Gnade hat entzwein.
Es waren siebzig Jahre,
Dich liebe, Dein Gebot bewahre.

Der Herr schenkt Vergebung Erbarmen,
Allen denen, die rechtes taten.
Ganz Israel hat dein Gesetz übertreten,
Gar anders waren gewesen.

Gott macht seine Drohung wahr,
Schweres Unheil uns bringt gar.
Denn der Herr ist stets gerecht,
Und weist uns alle zurecht.

Drum hör' das Gebet deines Knecht',
Verzeih', ja sei doch gerecht.
Da kam im Flug Gabriel,
Den ich in Vision gesehn.

Daniel ich bin gesandt,

Geb' dir ein Unterpfand:

Siebzig Wochen für's Volk bestimmt,

Die Schuld ist dann gesühnt.

Begreif's, tu's versteh'n.

Siebzig Wochen noch vergeh'n.

Nach zweiundsechzig kommt Gesalbter,

Das ganze Volk verführt hat er.

Den Bund macht vielen schwer,

Schlacht- Speiseopfer ein Ende wär.

Stellt auf Heiligtum Unheil,

Das ist das End seiner Greul.

**Letzte Offenbarungen** (Dan $10_1$ - $12_{13}$)
Im dritten des Königs Jahr,

Als Kyros von Persien war.

Wurde Daniel Vision gegeben,

Die so ist zu verstehen:

Den vierundzwanzigsten am Ufer stand,

Dem Fluß des Tigris mich befand.

Ein Mann in Leinen gekleidet sah,

Ein golden Gürtel um Hüften war.

Sein Körper gleicht Chrysoliths,

Sein Gesicht leucht' wie der Blitz.

Die Augen wie Fackeln brennend,

Arme und Beine bronzeglänzend.

Sein Worte wie mächtiges Tösen,

Menschenmengen wären gewesen.

Allein eine Erscheinung sah,

Großer Schrecken befiel alle gar.

Diese liefen dann hinweg,

In ein sicheres Versteck.

Alleine blieb zurück,

Totenbleich war mein Blick.

Hört' seine Worte wie Schall,

Betäubt zu Boden hinfall'.

Ein Griff mir half auf Knie und Händ,

Ob sich doch noch alles wendt?

Daniel fürcht' dich nicht,
Gott wend' dir sein Gesicht.
Der Engelfürst vom Perserreich,
Auf einundzwanzig Tag' verweis.

Michael einer der Engelfürsten,
Mir Hilfe bot mit seinen Künsten.
Hab' mir Zeit dafür genommen,
Was über's Volk wird kommen.

Während er das zu mir sagt,
Zu Boden blicken nur wagt'.
Eine Gestalt berührt meine Lippen,
Mein Mund öffnet sich vor Entzücken.

Sprach zu dem der vor mir stand,
Mein Atem zu stocken begann.
Der sprach, fürchte dich nicht,
Schau mir doch ins Gesicht.

Muß bald dorthin zurückkehren,
Dem Engelfürst von Persien wehren.
Wenn der erledigt wird,
Gegen Engelfürst von Jawan tritt.
Keiner hilft dem Befehl,
Außer Engelfürst Michael.

Des Meders Darius im ersten Jahr,
Der vierte der Mächtigsten war,
Stand ihm helfend zur Seite,
Noch drei gaben das Geleite.

Macht bot er gegen Jawan,
Voll Kraft wie in einem Wahn.
In vier Richtungen zusammenbrach,
Kein Erbe führte sein Gemach.

Ein König erstarkt im Süden,
Nach Jahren gab's einen Frieden.
Ein Bündnis ward geworden,
Mit der Tochter nach dem Norden.

Diese verliert sogar alle Macht,
Dem, der sie zur Frau gemacht.
Ihr Kind bleibt nicht am Leben,
Um den Norden war's geschehen.

Einige Jahre dann Norden in Ruh'
Kämpft gegen Reich nach Süden.
Zurückgehen mußt sogar fliehen,
Doch die Söhne zu Felde im Nu.

Ein verächtlicher Mensch ward König,
Reißt durch List die Macht entzwei.
Zuletzt gelingt ihm gar wenig,
Tischgenossen den Sturz führ'n herbei.

Selbst den Bund greifen sie an.

Doch dieser Oberhand gewann,

Den Gott seiner Väter mißachtet,

Am Ende war gänzlich verachtet.

Michael der Engelfürst auftritt,

Sein Volk gar gerettet wird.

In Zeiten übergroßer Not,

Da er selbst Hilfe ihnen anbot.

Daniel hält die Worte geheim,

Viele werden am Forschen sein.

Versiegelt das Buch sodann,

Keiner es erkennen kann.

Zwei Männer am Ufer standen,

Sich beide gegenüber befanden.

Der eine diesseits war,

Der and're jenseits gar.

Einer fragt den in Leinen,

Über dem Fluß wird Er erscheinen.

Wie lange zu dauern war,

Das Ende schließlich sah.

Darauf hört' die Stimme an,

Recht und linke Hand erhob er dann.

Schwor dem der ewig weilt,

Dauern wird's zweieinhalbe Zeit.

Ist diese dann am Ende,

Sich alles zum Guten wende.

Letzte Worte verschlossen bleiben,

Versiegelt bis Ende der Zeiten.

Täglich Opfer abgeschafft,

Zwölfhundertneunzig gerafft,

Mit unheilvollen Greul,

Wie in einem festen Knäul.

Wer tausendfünfunddreißig hat,

Dem Auferstehung und Erbteil ward.

**Beschluß**

Gott wird sein Reich errichten,

Die ihm nicht glauben vernichten.

Wie der Stein einst losbrach,

Nur Er kann fügen das.

Die Lebenden sollen erkennen,

Den Allerhöchsten nennen.

Geb' dir den guten Rat,

Nur Rechtes tuen mag.

Gezählt hat Gott die Tage,

Gewogen auf der Waage.

Nur der hat ewig Bestand,

Wer Gottes Wege fand.

Sein Reich wird ewig sein,

Ihm alle Herrschaft allein.

Sein Geheimnis wir nicht kennen,

Es Offenbarung deshalb nennen.

# Johannesoffenbarung

(in Reimform)

**Hinweis**

1 Offenbarungsbilder all',

Vom alten Bund gefaßt.

Besonders Propheten an Zahl,

Ausgewählt und mitbedacht.

2 Die Sprache ist für Feier,

Ganz festlich dargelegt,

Zur Liturgie und Weihe,

Wird sie hinzugezählt.

3 Eine Strenge der Moral,

Steht gar als erste Wahl.

Sodaß mit Recht verbindet,

Jüdisch Kultur vorfindet.

4 Das Ziel ganz anders ist,

Bedeutung Jesus Christ.

Darin sich unterscheidet,

Und frühere Auffassung meidet.

5 Unsre heutigen Weltbilder sagen,

Physikalisch, astronomisch genannt.

In später zeitlichen Jahren,

Wohl auch bleiben unbekannt.

6 Deshalb hat Einstiges Geltung,

Und auch noch großen Wert.

Für Sinne keine Fälschung,

Werden würdevoll hochverehrt.

7 Zwar erfaßt wird unsre Zeit,
Erkennen nie die Ewigkeit.
Wie sehr wir diese suchen,
Offenbarung nur verbuchen.

(Kommentar von Hubert Ritt 1998[3] entnommen,
Zu Reimen dann begonnen 1.9. 1999.
Auch der von Andre' Heinze sogar 1998,
Darin mitverarbeitet war.)

**Geleit**

Johannes, Gott gnädig mit Namen,

Bekräftigt und schließt mit Amen.

Offenbarung ward gegeben,

Auf daß wir ewig leben.

Vom Alpha bis zum Omega,

Darin Gottes Herrschaft geschah.

Wie vierundzwanzig Stunden,

Den ganzen Tag umrunden.

Die Sieben gar als heil'ge Zahl,

Gehöret ganz zur göttlichen Wahl.

Eine Formel der drei Zeiten,

Christus selber begleiten.

Vergangen, Jetzt und Zukunft,

Gottes Macht und ew'ge Gunst.

Auf Patmos erhielt Vision,

Vom Gott - Allherrscher schon.

Am Tag des Auferstehen,

Verbunden sind gewesen.

Wie sieben der Planeten,

Goldner Leuchter ward gesehen.

Ephesus, Smyrna, Pergamon, Thyatira,

Sardes, Philadelphia, Laodizea.

Gestalt als Christusbild,

Von Herrlichkeit erfüllt.

Bekleidet mit weißem Gewan',

Die Augen aus Feuerflamm'.

Das Haar ganz weiß wie Schnee,

Der Mund wie Schwert besteh'.

Einen Gürtel fein aus Gold,

Die Bein' ebenso gewollt.

Die Stimm' wie Wasserrauschen,

Vom Dröhnen alle lauschen.

Das Gesicht glänzt wie die Sonn',

Ganz leuchtend ew'ge Wonn'.

**Sieben Sendschreiben**

Ephesus sogleich schreib',
Daß Botschaft sie erreich'.
Kenn' Mühen dein Ausharren,
Kannst Böses nicht ertragen.
Doch werfe ich dir vor,
Anfangsliebe du verlor.
Nikolaiten Tun verabscheu,
Schlecht Werke stets bereu'.
Vermeid heidnisch' Opfermahl,
Ausschweifung seien eine Qual.
Wer Ohren hat zu hören,
Lebensbaum dir wird gewähren.

Smyrna war tot gewesen,
Wieder frisch ist es genesen.
Erhält des Lebens Kranz,
Den Tod überwindet ganz.

Pergamon dort du wohn',
Steht Satans teuflicher Thron.
Kurort des Asklepios,
Vom Volkszulauf wend'dich los.
Nimm nicht Götzenfleisch,
Unzucht von dir ständig weich.
Wie Bileam Schande tat,
Balak gerufen hat.

Thyatira in Liebe und Glauben,
Dorthin alle gerne schauen.
Doch Isebel Laster verführt,
Zur Zauberei hat hingeführt.
Die doppelte Moral,
Ist nicht die rechte Wahl.
Der schöne Morgenstern,
Soll Finsternis verwehr'n.

Sardes vom Beben zerstört,
Sich um Überleben wehrt.
Ihre Kleider sind befleckt,
Zu neuem Leben erweckt.
Im Buch des Lebens find',
Drin' aufgeschrieben sind.

Philadelphia zur himmlichen Stadt,
Christus aufgeschlossen hat.
Wegen ihres treuen Bekenntnis,
Vollbracht ein christlich Geständnis.
Die Apostel wie Säulen tragen,
Erhalten einen neuen Namen.
Wie die Stadt Jerusalem,
Das wird an ihr gescheh'n.

Laodizea als Amen genannt,

Was Christus offenbart.

Die Stadt reich nach außen,

Blind und nackt steht draußen.

Meine Stimme höret dann,

Wenn klopfe bei euch an.

Halte mit euch Abendmahl,

In Gottes ew'gem Saal.

**Vision**

1Der Herrschende ist der Kommende gar,
Auf den Thron Er nun war gesandt.
Wie Jaspis, Karneol so klar aussah,
Christus in Lichtglanz genannt.
Darüber gewölbt der Regenbogen,
Von Smaragden strahlend umwoben.

2Die vierundzwanzig Ältesten des Rates,
Sitzend des himmlichen Hofstaates.
Als Fülle der ganzen Zeit,
Zum Dienen stets bereit.

3Gottes Erscheinen wird eingeleitet,
Von Sturm, Blitz und Donner begleitet.
Sieben lodernde Flammen vorm Thron,
Sieben Geister Gottes in ihnen wohn'.

4Davor zu sehn ein gläsernes Meer,
Gleich einem Kristall glänzend so sehr.
Vier Lebewesen voll großer Augen,
Nach vorne und nach hinten schauen.

5Der Löwe und der Stier,
Mensch, Adler diese vier.
Ein jeder hat sechs Flügel,
Nach aller Richtung Bügel.

6Dreimal heilig dann erklingen,
Fast möcht' das Herz zerspringen.
Er ist, Er war, Er kommt,
Für Ihn gar alles frommt.

7Das versiegelte Buch beim Lamm,
Das niemand öffnen kann.
Darin ward festgelegen,
Was jeweils in der Welt geschehen.

8Zwischen Thron und den vier Wesen,
Unter den Ältesten das Lamm gewesen.
Hat sieben Augen der Hörner sieben.
So steht es war geschrieben.
Die Augen als Geister von Gottes Hand,
Über die Erde wurden ausgesandt.

9Das Lamm sogleich trat heran,
Nimmt das Buch schon in Empfang.
Aus Gottes rechter Hand,
Sich auf dem Thron befand.
Die Vier und die Ältesten im Reigen,
Vor dem Lamm zur Erde sich neigen.

10Harfen goldene Schalen tragen,
Rauchwerk Gebet der Heiligen sagen.
Sangen ein neues Lied,
Was priesterliche Andacht übt.

11Würdig das Lamm, das geschlachtet,
So sehr es ward verachtet.
Allein die Siegel öffnen kann,
Darauf sich alle verlassen dann.

12Sieben Aussagen wurden empfangen,
Zum Throne diese gelangen:
Macht, Reichtum, Weisheit, Kraft,
Ehre, Herrlichkeit, Lob bedacht.
Vier Wesen sprechen das Amen dann,
Die Ältesten beten Es an.

**Sieben Siegel**

Sieben Siegel des Buches da liegen,
Besiegelung der Gläubigen gewiesen.
Das Lamm öffnet erstes Siegel,
Daraus weißes Pferd ist gestiegen.

Beim zweiten war's feuerrot,
Ein Schwert bringt große Not.
Das dritte schwarz gewesen,
Eine Waage ist zu sehen.

Als viertes geöffnet bot,
Das fahle Pferd heißt Tod.
Nun fünftes zu sehen war,
Seelen liegen unterm Altar.

Die hingeschlachtet waren,
Für Gott ihr Zeugnis gaben.
Erhielten ein weiß Gewand,
Ew'ges Leben einst fand.

Das sechste dieser Siegel,
Sterne vom Himmel niederfielen.
Wer kann jetzt noch leben,
Zudem es noch bestehen?

Vier Engel von den Seiten,

Die Knechte Gottes leiten.

Auf ihrer Stirn das Siegel zeigt,

144 000 der Stämme weist.

Dazu eine große Schar,

Aus allen Nationen gar.

In weißen Gewändern standen,

Palmzweige in Händen vorhanden.

Rettung geschah von Gottes Thron,

Und mit dem Lamm, dem Sohn.

Wird sie zu Quellen führen,

Nicht Leben werden verlieren.

Wo Wasser des Lebens fließt,

Gott alle Tränen abwicht.

Als das siebte Siegel gelungen,

Eine Stille im Himmel trat ein.

Wohl halbe Stunde mag sein,

Als Zeichen Gotteserscheinungen.

**Sieben Trompeten**

Vision: Sieben Engel vor Gottes Thron standen,

Sieben Trompeten sind ihnen gegeben,

Gold' Räucherpfannen brannten,

Viel Weihrauch dafür zu nehmen.

Auf güldenem Altar,

Gebete bringen dar.

Gefüllt mit glühenden Kohlen,

Warfen diese dann zu Boden.

Donner, Dröhnen, Blitz und Beben,

Engel sieben Trompeten erheben.

Der erst Engel blies den Ton,

Hagel, Feuer und Blut regnet schon.

Eindrittel des Landes gar brannt,

Bäume und Grünes zu Schand.

Der zweite wie brennende Berge,

Ins Meer hineingeworfen werde.

Geschöpfe und Schiffe vernicht.

Alles sogar zusammenbricht.

Der dritte, dann fiel als großer Stern,

Eindrittel der Flüsse nah und fern.

Bitteres Wasser alles Leben bricht.

Das vierte des Gesicht,

Sonn' Mond und Sterne trifft.

Ein Adler hoch am Himmel rief,
Das Wehe über Menschen unten tief.
Der fünfte ein Stern als gefallener Engel,
Fünf Monate quält wie ein Dengel.

Dämonische Mächte erscheinen,
Ein jeder das Weh muß erleiden.
Ausgenommen davon zu bewahren,
Die das Siegel auf der Stirne tragen.

Die sechste klang wie die Stimmen,
Mit vier Hörner vom goldnen Altar,
Alle Menschen zittern von Sinnen,
Vor Feuer, Rauch, Schwefel sogar.

Gepanzerte Pferde mit tödlichen Mäulern,
Und Schwänzen gleich Schlangen mit Heulern.
Der Weg führt durch härteste Bedrängnis,
Nur helfen kann entschiedenes Bekenntnis.

Ein gewaltiger Engel vom Himmel machterfüllt,
Von riesiger Wolke ganz und gar umhüllt.
Ein kleines Buch nun geöffnet weist,
Der Regenbogen den Frieden anzeigt.

Sein Gesicht war wie die Sonne,
Die Strahlen ganz hell voll Wonne.
Der rechte Fuß auf dem Meere stand,
Dagegen der linke auf dem Land.

Sieben Donner wie Löwen erheben die Stimm',
Was hat das für einen Sinn?
Rechte Hand gen Himmel erhebt,
Schwor dem der in Ewigkeit lebt.
Wenn der siebte Engel trompetet,
Ist Gottes Geheimnis vollendet.

Johannes soll die Botschaft essen,
Nie diese je wird dann vergessen.
Zumal er stets muß weissagen,
Vielen Völkern, Nationen und Sprachen.

Vermessung des Tempels geschah,
Für dreieinhalbes Jahr.
Wie bei der Schreckenszeit, (167-164)
Verfolgung für Kirche bereit.

Der Lebensodem Gottes zu sehn,
Geschundene Leiber läßt auferstehn.
Als siebte Trompete vom Engel geblasen,
Ertönt' laute Stimme von oben,
Unsern Herrn den Gesalbten zu loben.
In Ewigkeit erhält er die Gaben.

Dann erschien am Himmel ein Zeichen,
Eine Frau mit der Sonne bekleidet.
Der Mond unter den Füßen erscheinet,
Zwölf Sterne ums Haupt sich zeigen.

Schwanger in Schmerzen sogar war,

Ein anderes Bild am Himmel gar.

Der Drache groß, voll brennendem Feuer,

Sieben Köpfe zehn Hörner ein Ungeheuer.

Diademe sieben auf den Köpfen,

Wer kann noch Vertrauen schöpfen?

Mit dem Schwanz 1/3 der Sterne wieder,

Warf er auf die Erde danieder.

Der Drache vor der Frau die gebären soll,

Wollt ihr Kind gar ganz verschlingen,

Sobald sie ihren Sohn geboren wohl,

Alle Völker mit eisernem Zepter verdingen.

Ihr Kind zu Gottes Thron entrückt,

Die Frau floh in die Wüste.

Ihr Zuflucht war, darüber entzückt,

1200 Tage Gottes Nähe grüßte.

Im Himmel ward ein Kampf entbrannt,

Michael und Engel da droben,

Haben den Drachen zur Erde verbannt.

Laute Stimmen Gott zu loben:

Drum jubelt ihr Himmel allzumal,

Weh über Länder der Erde,

Doch nur kurze Zeit ist eure Qual,

Länger ihm Macht nicht werde.

Darauf sah: Ein Tier aus dem Meer steigt,
Leviathan mit zehn Hörnern sieben Köpfen,
Deren Namen Gotteslästerung zeigt,
Anmaßende Worte zu schöpfen.

Ihm wurde erlaubt Heil'ge zu bekriegen,
Völker, Sprachen, Nationen besiegen.
Doch die im Buch war'n eingetragen,
Werden ewiges Leben bewahren.

Ein anderes Tier aus der Erde stieg,
Zwei Hörner und wie ein Lamm,
Redet wie der Drache dann,
Verwirrte mit Wunder und mit Krieg.

Der Zahlenwert des Tieres ist geblieben,
Ein Menschenname 666 erwiesen. (Nero)
Das Lamm auf dem Berg Zion stand,
Zu Ihm 144 000 kamen,
Auf Ihrer Stirn Sein Siegel fand,
Und Seines Vaters Namen.

Hört' eine Stimm' vom Himmel her,
Wie Rauschen von Wassermassen.
Ein Rollen gewaltiger Donner es wär,
Niemand konnte es gar fassen.

Ein neues Lied vom Thron her klang,
Von Harfen, keiner konnt' es singen.
Den Auserwählten nur gelang,
Zustande dieses zu bringen.

Sie folgen dem Lamm, wohin es geht,
In ihrem Mund jed' Lüge fehlt.
Als Menschen ohne Tadel,
Dazu auch ohne Makel.

Gericht und Ernte ein Engel künd'
Den Bewohnern hier auf Erden,
Daß allemal zu Gott hinfind',
Standhaftigkeit sich doch bewähre.

Auf Wolken thront wie Mensch aussah,
Trug einen goldnen Kranz.
Eine Sichel in der Hand sogar
Die Frucht ist reif und Ernte ganz.

Der Engel die Sichel auf die Erde warf,
Den Weinstock darauf abzuernten.
Blutströme aus der Kelter brach,
1600 Stadien weit gar wärten.

**Sieben Schalen**

Ein wunderbares Zeichen,
Sah Engel mit sieben Plagen.
Am letzten Gottes Zorn weichen,
Sind daher so zu sagen:

Ein Gläsernes Meer mit Feuer vermischt,
Die Sieger trugen Harfen an.
Ein Lied zu Ehren des Lamm,
Gerechte Taten im neuen Gesicht.

Öffnet sich himmlicher Tempel erhellt,
Zum Zeugnis in dem Himmelszelt,
Sieben Engel mit sieben Plagen,
In sieben goldenen Schalen.

Der Tempel erfüllt mit Rauch,
Das ist ja Gott selbst auch.
Ist Herrlichkeit und Gottesmacht,
Gottes Zorn über die Erde wacht.

Die erste bildet ein schlimmes Geschwür,
Geschieht ihnen daher nach Gebühr.
Kennzeichen des Tieres tragen,
Sein Standbild angebetet haben.

Bei zweiter das Meer wie Blut rot war,
Von dritter Flüsse und Quellen sogar.
Haben's von Heiligen und Propheten vergossen,
Deshalb gezwungen dazu genossen.

Der vierte goß die Schale über die Sonn'
Von Hitze gewiß keine Wonn'.
Sind alle gar umgekommen,
Zu fluchen den Namen Gottes begonnen.

Der fünfte den Thron des Tier's überschüttet,
Kommt Finsternis über sein Reich,
Verbiß die Zung' von Angst gerüttelt,
Wegen großer Schmerzen gleich.

Der sechste über Eufrats Strom,
Könige dort nun wohn',
Auf hebräisch Harmagedon,
Das sei ihr verfluchter Lohn.

Blitze, Donner, Erdbeben,
Fast keiner konnte überleben.
Die Stadt brach in drei Teil'.
Ungläubig Völker keiner verweil.

Der siebte die Schale ausgeleert,
Eine Frau auf rotem Tier beschert.
In Purpur gekleidet war,
Gold, Edelstein, Perlen sogar.

Einen goldenen Becher in der Hand,

Abscheulicher Schmutz als Unterpfand.

Die scharlachrote Bestie sah,

Auf Nero gedeutet war.

Die sieben Hügel ja,

Die Stadt Rom wohl gar.

Wehe, wehe Stadt Babylon,

Du große Stadt ganz mächtig,

Was hast du Hure denn davon,

Weil gar so niederträchtig.

Dann hört von einer großen Schar,

Den Ruf, Halleluja.

Das Heil, die Herrlichkeit und Macht,

Sein Urteil war gerecht gemacht.

Eine Stimme vom Thron her kam,

Preist unsern Gott, Halleluja.

Denn König ist Gott unser Herr,

Ihm allein sei Preis und Ehr.

Hochzeit des Lammes gekommen,

Mit allen seinen Frommen.

Gekleidet in strahlendem Leinen,

Als Braut für den glänzend Reinen.

Dann sah den Himmel offen,

Auf das die Gläubgen hoffen.

Sieh' da das Pferd ganz weiß,

Treu und wahrhaft galt sein Preis.

Augen wie Feuerflammen,

Das Haupt von Diadem umfangen.

Sein Nam' ist Gottes Wort,

Das gänzlich in ihm wohnt.

Sein' Hand ein scharfes Schwert,

Über Völker hoch geehrt.

Auf seinen weiß Gewanden,

König der Könige standen.

Und Herr der Herren sehr,

Ihm allein sei Preis und Ehr.

Das Tier mit falsch' Prophet gepackt,

Geworfen in den Feuersee.

Brennend im Schwefel sind versackt,

Gellend ihr Schrei'n und Weh.

Überwältigt ward zum Abgrund,

Für tausend Jahr zugrund.

Der Drache in Ketten schwer,

Die Schlange: Teufel, Satansheer.

Die Gläubigen gelangen zum Leben,
Bis tausend Jahr' vollendet war.
Erst Auferstehung dann gegeben,
Das ist das messianische Jahr.

Danach wird Satan frei gelassen,
Von Gog und Magog aus.
Zu verführen und zu fassen,
Das Lager der Heiligen auch.

Da stand ein großer, weißer Thron,
Vom Anblick Erd' und Himmel floh'n.
Die Großen und die Kleinen,
Alle fingen an zu weinen.

Das Buch des Lebens aufgeschlagen,
Alle Taten drin sind eingetragen.
Ein jeder gerichtet nach seinen Werken,
Die Folgen mußten alle ernten.

**Gott unter den Menschen**

Neuen Himmel neue Erde geseh'n,

Der erst ganz vergangen war.

Die neue Stadt Jerusalem,

Von Gott her aus dem Himmel kam.

Wie eine Braut geschmückt,

So ihren Mann beglückt.

Dann erscholl vom Thron der Ruf,

Gott Wohnung unter Menschen schuf.

Er wird inmitten wohnen,

Und gläubig Volk belohnen.

Tränen aus ihren Augen wischen,

Alles Leben ganz erfrischen.

Der Tod wird nicht mehr sein,

Alle fühlen sich wie daheim.

**Das Neue Jerusalem**

Der siebte Engel ihn entrückt,
Über Jerusalem war ganz entzückt.
Auf hohen Berg Zion,
Herrlichkeit Gottes drinn' wohn'.

Glänzend ward von Edelstein,
Kristallklar wie Jaspis so rein.
Umgeben von hoher Mauer,
Zwölf Tore vom Erbauer.
Darauf die Namen geschrieben,
Zwölf Stämme Israel geblieben.

Drei Tore je Ost, Nord, Süd, West,
Zwölf Grundsteine sie befest'.
Zwölf Namen, Apostel des Lamm,
Worauf ich mich besann.

Mit einem goldnen Stabe gar.
Maß Stadt, Tore und Mauern ja.
Im Viereck angeleget sah,
Die Stadt ausgemessen war.

Länge, Breit' und Höhe zu lesen,
Zwölftausend Stadien gewesen.
Dann faßt er ihre Mauer,
Einhundertvierundvierzig vom Bauherr.

Die Mauer aus Jaspis gebaut,

Eine Stadt aus reinem Gold geschaut.

Jaspisgrün der erste Grundstein,

Der zweite saphirblau ganz fein.

Chalzedon der dritte rauchgrau war,

Smaragdgrün der vierte gar.

Der fünfte Sardonyx weich,

Der sechste sardionrot wie Fleisch.

Der siebte Chrysolith wie aus Gold,

Der achte ein Beryll ganz hold.

Der neunte Topas war,

Der zehnte Chrysopras grünklar.

Der elfte für Hyazinth rotgelb bestimmt,

Der zwölfte den amethystviolett gewinnt.

Zwölf Tore sind je wie eine Perle,

Kein Tempel, Sonne, Mond noch Sterne.

Die Straße aus reinem Gold,

Wie Kristall ist sie gewollt.

Nur die im Lebensbuch zu fassen,

Werden zur Stadt hineingelassen.

Das Wasser des Lebens wie ein Strom,

Ergeht vom Lamm und Gottes Thron.

Dazwischen Bäume vom Leben,

Früchte tragen jeden Monat zu sehen.

Die Blätter zur Heilung dienen,

Verbreiten den Völkern Frieden

Keine Nacht wird es mehr geben,

Alle können glücklich leben.

Gottes Angesicht werden schauen,

Sich ganz darin erbauen.

**Beschluß**

Gott der Herr den Geist wird geben,
Zu zeigen, was alles geschehen.
Siehe schon bald ich komm,
Bring mit, verdienten Lohn.

Bin Alpha und das Omega,
Der Erste und der Letzte war.
Der Anfang und das End',
Für euch sich alles wendt'.

Wer will, wird gar empfangen,
Umsonst Wasser des Lebens erlangen.
Gott schenkt vom Lebensbaum,
Bezeugt, es ist kein Traum.

Im Gottesdienst eindrucksvoll gewährt,
Kommenden Herrn, Gemeinde erfährt.
Der bereits ist in der Gegenwart,
Um den sind alle Gläubigen geschart.
Immer wieder dabei Amen hallt,
Komm, Herr Jesus, komm recht bald.